BEI GRIN MACHT SICH IHR WISSEN BEZAHLT

Marcus Fuchs

Jupiters innere Metamorphose vor der Entführung Europas

GRIN Verlag

Bibliografische Information der Deutschen Nationalbibliothek:

Die Deutsche Bibliothek verzeichnet diese Publikation in der Deutschen National-
bibliografie; detaillierte bibliografische Daten sind im Internet über http://dnb.d-
nb.de/ abrufbar.

Impressum:

Copyright © 2010 GRIN Verlag GmbH
Druck und Bindung: Books on Demand GmbH, Norderstedt Germany
ISBN: 978-3-640-84505-7

Dieses Buch bei GRIN:

http://www.grin.com/de/e-book/167775/jupiters-innere-metamorphose-vor-der-
entfuehrung-europas

GRIN - Your knowledge has value

Der GRIN Verlag publiziert seit 1998 wissenschaftliche Arbeiten von Studenten, Hochschullehrern und anderen Akademikern als eBook und gedrucktes Buch. Die Verlagswebsite www.grin.com ist die ideale Plattform zur Veröffentlichung von Hausarbeiten, Abschlussarbeiten, wissenschaftlichen Aufsätzen, Dissertationen und Fachbüchern.

Besuchen Sie uns im Internet:

http://www.grin.com/

http://www.facebook.com/grincom

http://www.twitter.com/grin_com

Jupiters innere Metamorphose vor der Entführung Europas

Inhaltsverzeichnis

1. Einleitung

In meiner Seminararbeit beschäftige ich mich mit der von dem römischen Dichter Ovid verfassten Metamorphose, welche von dem römischen Gott Jupiter und der Königstochter Europa handelt. In der Geschichte geht es um eines der zahlreichen Liebesabenteuer Jupiters. So verwandelt er sich in einen Stier und entführt und vergewaltigt daraufhin die Jungfrau Europa. Ich gehe nicht ausführlich auf die Entführung an sich ein, sondern untersuche vielmehr das Verhalten Jupiters vor der eigentlichen Entführung.

Ich habe mich für diese Metamorphose entschieden, da sie deutlich macht, wie stark die Liebe sein kann, und dass sie auch hoch angesehene Herrscher wie Jupiter zu Taten verleitet, die ihr Stolz sonst niemals zugelassen hätte. Außerdem gefällt mir die poetische und ausschmückende Schreibweise Ovids sehr, die sich besonders in dieser Metamorphose wiederfinden lässt.

2. Lateinischer Text und Übersetzung

Ovid, Metamorphosen, Liber II, V. 843-858 & V. 862-868

dixit, et expulsi iamdudum monte iuvenci

litora iussa petunt, ubi magni filia regis

V. 845 | *ludere virginibus Tyriis comitata solebat.*

Non bene conveniunt nec in una sede morantur

maiestas et amor: sceptri gravitate relicta

ille pater rectorque deum, cui dextra trisulcis

ignibus armata est, qui nutu concutit orbem,

V. 850 | *induitur faciem tauri mixtusque iuvencis*

mugit et in teneris formosus obambulat herbis.

quippe color nivis est, quam nec vestigia duri

calcavere pedis nec solvit aquaticus auster;

colla toris exstant, armis palearia pendent,

V. 855   *cornua vara quidem, sed quae contendere possis*

facta manu, puraque magis perlucida gemma.

nullae in fronte minae, nec formidabile lumen:

pacem vultus habet.

(...)

gaudet amans et, dum veniat sperata voluptas,

oscula dat manibus. vix iam, vix cetera differt;

et nunc adludit viridique exsultat in herba,

V. 865   *nunc latus in fulvis niveum deponit harenis*

paulatimque metu dempto modo pectora praebet

virginea plaudenda manu, modo cornua sertis

inpedienda novis;

So sprach er und die schon lange vom Berg vertriebenen jungen Stiere ziehen zum befohlenen Strand, wo die Tochter des großen Königs es gewohnt war, begleitet von thrygischen Jungfrauen zu spielen. Herrscherwürde und Liebe passen nicht gut zusammen und halten sich nicht an einer Stelle auf: Nachdem er die Erhabenheit des Zepters zurückgelassen hatte, nahm jener Vater und Herrscher der Götter, dessen rechte Hand mit dem Dreizack bewaffnet ist, der die Welt durch ein Nicken erschüttert, die Gestalt eines Stieres an und, unter die Jungstiere gemischt, brüllt er und spaziert schön im zarten Gras umher. Denn er hat die Farbe des Schnees, den weder Schritte eines harten Fußes niedergetreten haben, noch der nasse Südwind aufgelöst hat; der Hals strotzt vor Muskeln, von den Schultern hängt die Wamme herab, zwar sind die Hörner kurz, aber du kannst behaupten, dass sie von Hand gemacht und strahlender als ein reiner Edelstein sind. Keine Drohungen auf der Stirn, auch kein furchterregender Blick: Die äußere Gestalt zeigt Frieden.

(...)

Der Liebende freut sich und gibt, solange bis das erhoffte Vergnügen kommt, den Händen Küsse: Mit Mühe schon, mit Mühe verschiebt er das Weitere; und nun nähert er sich im Spiel und springt ausgelassen im grünen Gras umher, nun legt er die schneeweiße Seite im goldfarbenen Sand nieder und, weil die Furcht allmählich gewichen ist, bietet er bald der jungfräulichen Hand die Brust zum Streicheln an, bietet er bald die Hörner an, um sie mit neuen Kränzen zu umwickeln.

3. Philologischer Kommentar

V. 843 *dixit* bis V. 845 *solebat*:	Mit *dixit* (so sprach er) ist Jupiter gemeint. Dies bezieht sich auf einen Befehl, den er vorher Merkur gegeben hatte. *magni filia regis* (die

Tochter des großen Königs) steht für Europa. *litora iussa* ist poetischer Plural und diesen habe ich im Singular übersetzt. *iussa* steht hier, weil Jupiter Merkur zuvor den Befehl gegeben hatte, die Stiere zum Strand zu treiben. Für *petunt* bietet sich hier die Übersetzung „ziehen"[1] an, da es am besten das Verhalten von Tieren wie Jungstieren beschreibt.

V. 846 *non* bis V. 847 *amor*:	Obwohl das Langenscheidt Lexikon für *maiestas* eine Übersetzung wie „Majestät", „Würde" oder „Hoheit" vorsieht[2], habe ich mich für die

Übersetzung „Herrscherwürde"[3] entschieden, da so Jupiters hohe Position unter den Göttern deutlicher wird.

V. 847 *sceptri* bis V. 849 *orbem*:	*sceptri gravitate relicta* bildet einen Ablativus Absolutus. Ich habe die temporale Übersetzung gewählt, weil hier die Abfolge von Jupiters

---

[1] METAMORPHOSEN ÜBERSETZUNG, S. 87
[2] Vgl. LANGENSCHEIDT, s.v. *maiestas*
[3] LATEIN AKTIV, S. 36

Handeln beschrieben wird. Die kausale Übersetzung ergibt hier keinen Sinn, da keine Begründungen für das Geschehen geliefert werden. Für *gravitate* habe ich die Übersetzung „Erhabenheit"[1] benutzt, da so am besten deutlich wird, dass Jupiter nicht nur den eigentlichen Gegenstand zurücklässt sondern vor allem seine hohe Stellung. *deum* ist die Kurzform von *deorum*[2] und mit *ille pater rectorque deum* ist Jupiter gemeint. *cui dextra* (...) *armata est* bedeutet wörtlich zwar etwas wie: „dem die rechte Hand bewaffnet ist"[3], jedoch habe ich mich für die Übersetzung im Genitiv (dessen) entschieden, da es im Deutschen angemessener klingt. *tirsculis ignibus* bedeutet wörtlich übersetzt „mit den dreizackigen Feuern", jedoch ist damit Jupiters Dreizack gemeint, weshalb ich es auch so übersetzt habe. *orbem* bezeichnet eigentlich den „Erdkreis"[4]. An dieser Stelle bietet sich jedoch „Welt" an[5]. Obwohl Latein Lektüre aktiv! für *induitur* die Übersetzung „sich etwas anziehen"[6] vorschlägt, habe ich mich für die Übersetzung „annehmen" entschieden, da es hier um Jupiters äußere Gestalt und nicht um etwas wie Kleidung geht.

| V. 850 *induitur* bis
V. 851 *herbis*: | *mixtus* ist das PPP von *miscere* (*misceo, miscui, mixtum*)[7]. *teneris* (...)
herbis ist eigentlich Plural jedoch passt im Deutschen hier der |

Singular besser.

| V. 852 *quippe* bis V.
853 *auster*: | *color nivis est* bedeutet wörtlich „es ist die Farbe des Schnees". Ich
habe es sinngemäß mit „er hat die Farbe des Schnees" übersetzt. Bei |

calcavere handelt es sich um die Kurzform von *calcaverunt*[8].

| V. 854 *colla* bis
V. 856 *gemma*: | Die Wörter *colla* und *palearia* stehen zwar im Plural, jedoch habe ich
mich für die Übersetzung im Singular entschieden, da ein Stier jedes |

---

[1] Vgl. LANGENSCHEIDT, s.v. *gravitas* 2,c
[2] LATEIN AKTIV, S. 36
[3] Vgl. METAMORPHOSEN ÜBERSETZUNG, S. 87
[4] LATEIN AKTIV, S. 37
[5] Ebd.
[6] Ebd.
[7] Vgl. LANGENSCHEIDT, s.v. *misceo*
[8] Vgl. LATEIN AKTIV, S. 10

dieser Körperteile nur einmal besitzt. Was die Übersetzung des Wortes *exstant* angeht, habe ich mich Bömer angeschlossen und „strotzen vor"[1] gewählt. Es liegen zwei Ellipsen vor, denn bei *cornua parva quidem* fehlt ein *sunt* und nach *facta* muss ein *esse* ergänzt werden[2]. Das Wort *magis* habe ich nicht wörtlich übersetzt, sondern durch den Komparativ von *perlucida*[3] (strahlender) zum Ausdruck gebracht.

| V. 857 *nullae* bis |
| V. 858 *habet*: |

Trotz der im Langenscheidt für *formidabilis* angegebenen Übersetzung „furchtbar"[4] habe ich die Übersetzung „furchterregend" gewählt, weil so die Wirkung von Jupiters Erscheinen am deutlichsten wird. *lumen* bedeutet eigentlich „Licht" oder im übertragenen Sinn auch „Augen"[5], hier habe ich mich jedoch für „Blick" entschieden, da an dieser Stelle die Wirkung der Augen des Stieres beschrieben wird. Das wird durch das Wort „Blick" am deutlichsten gemacht. *habet* ist wörtlich mit „hat" zu übersetzen, an dieser Stelle schließe ich mich jedoch Franz Bömer an und habe deshalb die Übersetzung „zeigt"[6] gewählt. Von den vielen Übersetzungsmöglichkeiten für *vultus* (z.B. Gesicht, Miene, Aussehen) habe ich „äußere Gestalt"[7] genommen, weil so am besten deutlich wird, dass Jupiter insgesamt nach außen hin zwar friedlich scheint, er in Wirklichkeit aber einen heimtückischen Plan verfolgt.

| V. 862 *gaudet* bis V. |
| 863 *differt*: |

Das Wort *dum* ist an dieser Stelle mit „solange bis"[8] zu übersetzen, da da es mit Konjunktiv (*veniat*) steht. Für *differt* bietet sich dem Kontext entsprechend die Übersetzung „aufschieben"[9] an. Ich habe mich für das ähnliche Wort „verschieben" entschieden, da es im Deutschen angemessener klingt.

| V. 864 *et* bis |
| V. 865 *harenis*: |

Für *adludere* habe ich die Übersetzung „sich im Spiel nähern"[10] und für *exsultat* die Übersetzung „ausgelassen springen"[11] gewählt, da sie Jupiters Verhalten am besten beschreibt. Bei *fulvis* (...) *harenis* liegt ein poetischer Plural vor, den ich im Singular übersetzt habe.

---

[1] BÖMER, S. 437
[2] LATEIN AKTIV, S. 36
[3] Vgl. LATEIN AKTIV, S. 36
[4] Vgl. LANGENSCHEIDT, s.v. *formidabilis*
[5] BÖMER, S. 438
[6] BÖMER, S. 438
[7] Vgl. LANGESCHEIDT, s.v. *vultus* c
[8] LATEIN AKTIV, S. 39
[9] LATEIN AKTIV, S. 38
[10] Vgl. LATEIN AKTIV, S. 38
[11] Vgl. LANGENSCHEIDT, s.v. *exsulto*

V. 866 *paulatimque* bis V. 868 *novis*:

metu dempto stellt einen Ablativus Absolutus dar, den ich kausal übersetzt habe. Denn die darauf beschriebenen Handlungen Jupiters sind durch Europas schwindende Furcht bedingt. *modo* (...) *modo* bedeutet in diesem Zusammenhang „bald ... bald"[1]. Bei *pectora* handelt es sich erneut um einen poetischen Plural, den ich im Singular übersetzt habe. Im zweiten Teil des Satzes (*modo cornua* (...) *novis*) ist ein *praebet* zu ergänzen, da hier sonst das Verb fehlt.

4. Interpretation

4.1 Zusammenfassung und Einordnung in den Kontext

Dem oben übersetzten und kommentierten Textauszug geht ein Befehl von Jupiter an Merkur voraus. Merkur solle die Stiere, die er finden könne, zum Strand treiben.[2] Kaum ausgesprochen, wird diesem Befehl sofort Folge geleistet (vgl. V. 843-845). Ovid stellt heraus, dass Herrscherwürde und Liebe nicht gut zusammenpassen (vgl. V. 846-847). Im folgenden Abschnitt werden Jupiters Fähigkeiten als Gott betont und danach seine Verwandlung in einen Stier beschrieben (vgl. V. 847-851). Sein Äußeres wird ausführlich beschrieben, und dabei vor allem seine Schönheit unterstrichen (vgl. V. 852-858). Die darauf folgende Passage wurde nicht übersetzt und kommentiert (vgl. V. 858-861), da in ihr nicht direkt Jupiters Verhalten thematisiert wird. Dieser Abschnitt handelt von Europas Reaktion auf den Stier. So freut sie sich über den Stier, wagt es aber noch nicht, ihn zu berühren.[3] Im folgenden Teil geht Ovid auf das Verhalten Jupiters in Gestalt des Stieres ein (vgl. V. 862-865). So gefällt ihm Europas positive Reaktion und er fährt fort, sich ihr anzunähern. Da Europa nun ihre Furcht verliert, lässt sie sich auf die Spiele mit Jupiter ein (vgl. V. 866-868). Das Ende der Erzählung habe ich nicht übersetzt oder kommentiert. Hier setzt sich Europa auf den Stier und dieser verlässt mit ihr den Strand und schwimmt durch das Meer. Zu spät bemerkt Europa, dass sie entführt wird, und ihr bleibt nichts übrig, als sich an dem Stier

---

[1] Vgl. LANGENSCHEIDT, s.v. *modo* a
[2] Vgl. METAMORPHOSEN ÜBERSETZUNG, S. 87
[3] Vgl. METAMORPHOSEN ÜBERSETZUNG, S. 87

festzuhalten.[1] Schließlich schafft Jupiter es, Europa nach Kreta zu entführen, wo er wieder seine alte Gestalt annimmt und sie vergewaltigt, sodass sie ihm mehrere Söhne gebärt.[2]

4.2 Interpretation von Jupiters Verhalten

Nachfolgend arbeite ich heraus, wie Jupiter neben der offensichtlichen äußeren Verwandlung in einen Stier ebenfalls eine innere Metamorphose durchlebt, durch die er seine Herrscherwürde (vorübergehend) verliert. Jupiter übernimmt hier die typische Rolle des Mannes in der Antike. Damals war es so üblich, dass die Männer sich eine Frau ausgesucht haben und dann es dann ihre Aufgabe war, sie zu erobern. Obwohl Jupiter kein wirklicher Mann sondern ein Gott ist, lässt er sich gut in diese Rolle einordnen. Denn die Römer sahen ihre Götter als viel menschlicher an, als es heute in den meisten Religionen üblich ist.

Zu Beginn des Auszuges stellt Ovid die Macht Jupiters dar[3]. Denn sobald er seinen Befehl ausgesprochen hat, sind die Stiere schon dabei, zu dem Strand zu ziehen, an dem Europa oft spielt (vgl. V.843-845). Es sollte jedoch beachtet werden, dass Jupiter, als er Merkur den Befehl gibt, ihn nicht über die Gründe informiert (vgl. V. 837-842). Daraus lassen sich zwei Dinge folgern: Zum einen wird hier Jupiters Macht implizit betont, da Merkur den Befehl weder hinterfragt noch den Grund erfahren möchte. Außerdem wird hier deutlich, dass Jupiter sein später folgendes Verhalten peinlich ist und er nicht möchte, dass Merkur davon erfährt. Jupiters hohe Stellung wird in den folgenden Versen weiterhin explizit herausgestellt. Jupiter ist nicht irgendein Gott, sondern der Vater (*pater* V. 848) und Führer (*rector* V. 848). Diesem Vers geht der wohl wichtigste Satz der Metamorphose voraus: Ovid betont, dass sich Herrscherwürde (*maiestas* V. 847) und Liebe (*amor* V. 847) nicht vertragen. Durch ein Hyperbaton wird die Bedeutung dieser beiden Begriffe noch gesteigert. Sie stehen hier direkt nebeneinander, obwohl sie, was schließlich die Aussage des Satzes ist, nicht zusammenpassen. Daraus geht hervor: Obwohl Jupiter in diesem Moment sowohl verliebt ist als auch seine Würde noch besitzt, kann dies nicht so bleiben und er wird sich folglich für eines von beiden entscheiden müssen.

Der Wendepunkt besteht aus den Worten *induitur faciem tauri* (V. 850). An dieser Stelle lässt Jupiter seine Herrscherwürde zurück und nimmt die beschriebene Gestalt eines Stieres an. Besonders das *induitur* wird betont, da es am Versanfang steht. Dass Jupiter seine

---

[1] Vgl. ERDMANN ÜBERSETZUNG
[2] Vgl. MYTHOS EUROPA
[3] Vgl. ERDMANN INTERPRETATION

Herrscherwürde abgelegt hat, wird besonders durch das Wort *mugit* (er brüllt/muht) deutlich gemacht. Dieser tierische Laut ist der genaue Gegensatz zu der üblichen Erhabenheit eines Gottes.[1] Auch die nächste beschriebene Handlung Jupiters veranschaulicht sein tierisches Verhalten. So spaziert er (*obambulat* V. 851) unter die anderen Stiere gemischt (*mixtusque iuvencis* V. 850) umher. Syntaktisch gesehen stellt diese Verwandlung ein Trikolon dar, denn es sind drei Hauptsätze vorhanden. Desweiteren liegt ein Polysyndeton vor (*mixtusque* V. 850, *et* V. 851). Durch diese Stilmittel betont Ovid, dass sich Jupiter bereits komplett in einen Stier verwandelt hat und von seiner Würde nicht mehr viel vorhanden ist. Es lässt sich folglich schließen, dass Jupiter sich den anderen Stieren vollständig angepasst hat und nun ihr Verhalten imitiert.

Auch der Umstand, dass sich Jupiter ausgerechnet in einen Stier verwandelt, ist keineswegs Zufall. Denn der Stier galt schon in der Antike als ein Sinnbild für Fruchtbarkeit und Stärke.[2] Jedoch war er auch schon damals ein Symbol für Zügellosigkeit, was hier bereits eine Andeutung auf Jupiters nachfolgendes Verhalten ist.

Erst im nächsten Abschnitt geht Ovid auf die Besonderheit des Stieres ein, in den sich Jupiter verwandelt hat: Der Autor schildert eingehend die Schönheit dieses Tieres. So wird unter anderem die schneeweiße Farbe (*color nivis*) herausgestellt. Dazu muss gesagt werden, dass in der Antike allgemein die weißen Stiere als die schönsten galten.[3] Die Perfektion von Jupiters Farbe als Stier wird durch die beiden folgenden Vergleiche zum Ausdruck gebracht (vgl. V. 852-853). Auch in den nächsten Versen arbeitet Ovid mit einem Vergleich. Er bezeichnet die Hörner als strahlender als ein reiner Edelstein (vgl. V. 856). Hierin kann man schon eine Hyperbel sehen, die ebenfalls Jupiters Schönheit betont. Denn dass die Hörner eincs Stieres stärker strahlen als ein reiner Edelstein, ist unmöglich. An dieser Stelle befindet sich ein Asyndeton (vgl. V. 854-855). Die verschiedenen Hauptsätze werden nicht durch Konjunktionen verbunden. Dieses Asyndeton bildet den genauen Gegensatz zu dem vorher verwendeten Polysyndeton (siehe oben). Dies kann man folglich als eine Antithese auf stilistischer Ebene beschreiben. Dadurch macht der Autor deutlich, in welchem Zwiespalt sich Jupiter befindet. Auf der einen Seite muss er sich unauffällig und friedlich verhalten, damit Europa keinen Verdacht schöpft, auf der anderen Seite hat er sein Ziel, Europa zu entführen, klar vor Augen.

---

[1] Vgl. BÖMER, S. 436
[2] Vgl. MYTHOS STIER
[3] Vgl. BÖMER, S. 437

Ovid schildert nun, wie Jupiter auf Europa wirkt. So scheint es, als habe Europa nichts von ihm zu befürchten. Diese Beschreibung endet mit den Worten *pacem vultus habet* (V. 858). Das bewusste Einsetzen des Wortes *vultus* (das Äußere) lässt darauf schließen, dass Jupiter nur nach außen hin friedlich erscheint, innerlich aber aufgewühlt ist. Hätte Jupiter wirklich nur friedliche Absichten, hätte Ovid an dieser Stelle nicht so viel Wert auf das äußere Erscheinen Jupiters gelegt.

Auch im nächsten Teil macht Ovid Jupiters Zwiespalt deutlich. Nach Europas positiver Reaktion kann Jupiter sich kaum noch zurückhalten. Dies sieht man eindeutig an der Anapher des Wortes *vix* (mit Mühe). An dieser Stelle werden zum ersten Mal Jupiters Gefühlszustand (*amans*) und sein wirkliches Ziel (*voluptas*) angesprochen. Auch eine Anspielung auf seine sexuelle Begierde ist mit dem Wort *cetera* gegeben. Dieses Wort impliziert bereits die Entführung und die Vergewaltigung. Desweiteren wirkt Jupiter zu diesem Zeitpunkt bereits unterwürfig und unterlegen. Das wird daran deutlich, dass Ovid hier absichtlich die Worte *oscula dat manibus* (er küsst die Hände) benutzt. Bei einem Tier wie einem Stier würde es normalerweise mehr Sinn ergeben, von "ablecken" zu sprechen. An dieser Stelle passt "küssen" hingegen, da es sich schließlich nicht wirklich um einen Stier handelt. Diese Wortwahl charakterisiert Jupiter. Denn ein Handkuss gilt allgemein als eine Geste der Unterwürfigkeit und Liebe.

Im nachfolgenden Teil verwendet der Autor Verben, die eher an das Verhalten eines kleinen Kindes erinnern als an das des Herrschers der Götter. So stellt er heraus, wie Jupiter sich spielend Europa nähert (*adludit* V. 864) und übermütig durch das Gras hüpft (*exsultat* V. 864). Das fast schon lächerliche Verhalten Jupiters unterstreicht Ovid mit zwei weiteren Anaphern (*nunc* (...) *nunc*; *modo* (...) *modo* V. 864 ff.)[1]. Auch die Schilderung, dass Jupiter Europa seine Brust zum Streicheln anbietet, ist ein Zeichen seiner Unterwürfigkeit. Dies betont der Autor durch eine Alliteration (*pectora praebet* (..) *plaudenda* V. 866 f.).

Ovid verwendet eine Klimax, um das sich langsam verändernde Verhalten Jupiters zu veranschaulichen. Zunächst spaziert Jupiter noch friedlich durch das Gras (*obambulat* V. 851). Dies hat noch nichts mit unterwürfigen Handlungen zu tun. Darauf erläutert der Autor, wie Jupiter Europa küsst (*oscula dat* V. 863) und schließlich, wie der Gott ausgelassen im Gras umherspringt (*exsultat* V. 864). An dieser Stelle hat Jupiter sich folglich auch innerlich in das genaue Gegenteil verwandelt: Aus dem allmächtigen, würdevollen Herrscher, dessen

---

[1] Vgl. BÖMER, S. 438

Befehle unverzüglich ausgeführt werden, ist ein unterwürfiger, verspielter und liebender Stier geworden, der mit allen Mitteln versucht, das Vertrauen einer Frau zu gewinnen.

4.3 Ovids Intention und Übertragung auf die Gegenwart

Der Autor verfolgt mit dieser Metamorphose verschiedene Ziele. Zum einen wird deutlich, dass man manchmal seine Würde ablegen muss, um sein Ziel zu erreichen. Ovid betont durch diese Metamorphose die Macht der Liebe. Sie ist so stark, dass auch großen Herrschern ihre hohe Position und Würde gleichgültig wird. Genau darüber müsse man sich bewusst werden. Ein anderer Appell besonders an die Frauen besteht darin, misstrauischer der äußeren Schönheit gegenüber zu werden. Obwohl es ihre typische Rolle war, sich von einem Mann erobern zu lassen, sollten die Frauen vorsichtiger werden und sich mehr Zeit nehmen. Denn Europa hätte sich dem Stier wohl nicht angenähert, wenn dieser nicht so schön ausgesehen hätte. Genau dieser schöne Stier entführt und vergewaltigt sie aber am Ende. Solche Absichten lassen sich jedoch nicht sofort erkennen. Auf der anderen Seite lässt sich dieser Metamorphose auch eine versteckte Kritik an Kaiser Augustus entnehmen.[1] Denn dieser war trotz seiner strengen Sittenpolitik auch in Skandale mit Frauen verwickelt[2].

Eine Übertragung in die Moderne bietet sich an: Der Autor vermeidet während der gesamten Metamorphose das direkte Benennen der Personen. So kommen die Namen Jupiter und Europa kein einziges Mal vor. Ovid benutzt nur Periphrasen (z.B. *magni filia regis* V. 844; *pater rectorque deum* V. 848), um klarzustellen, um wen es in dieser Metamorphose geht. In unserer Zeit ist die Aussage von Jupiters Verwandlung wohl ähnlich zu sehen wie damals. So sind zwar nicht nur die obersten Herrscher angesprochen sondern jeder einzelne, aber auch heutzutage stellt man oft fest, wie sich Verliebte geradezu lächerlich machen, um der geliebten Person aufzufallen. Besonders gut lässt sich dies an dem Beispiel der Affären von Politikern veranschaulichen. Auch bei ihnen siegt oft das Irrationale der Liebe und die Macht der Gefühle lässt sie ohne Rücksicht auf ihre Funktion und Machtposition ihren Trieben nachgehen und die Würde ihres Amtes verlassen.[3]

---

[1] Vgl. ERDMANN INTERPRETATION
[2] Vgl. WIKIPEDIA STICHWORT AUGUSTUS
[3] Vgl. SPIEGEL ONLINE

5. Literaturverzeichnis

1. Zugrundeliegende Textausgabe:

HOLZBERG NIKLAS: Ovidius Naso, Publius: Metamorphosen: lateinisch-deutsch, 14. Auflage, Zürich; Düsseldorf 1996 (zitiert: METAMORPHOSEN ÜBERSETZUNG)

2. Kommentare, Übersetzungen:

(1) BÖMER FRANZ: P. Ovidius Naso Metamorphosen, Buch I-III, Heidelberg 1969 (zitiert: BÖMER)

(2) METAMORPHOSEN ÜBERSETZUNG

(3) GESCHWANDTNER HELFRIED, BRANDSTÄTTER CHRISTIAN: Latein Lektüre aktiv! Ovid Metamorphosen, 1. Auflage, Wien 1999 (zitiert: LATEIN AKTIV)

(4) http://www.alle-erdmanns.de/Ovid/europa.htm, Europa, Stand: 12.03.2010 (zitiert: ERDMANN ÜBERSETZUNG)

3. Hilfsmittel, Internetadressen, Sekundärliteratur:

(1) DR. MENGE HERMANN: Lagenscheidts Grosswörterbuch Lateinisch, Teil 1: lateinisch-deutsch, 16. Auflage, Berlin; München; Zürich 1967 (zitiert: LANGENSCHEIDT)

(2) http://www.alle-erdmanns.de/Ovid/eur.htm, Europa, Stand: 16.03.2010 (zitiert: ERDMANN INTERPRETATION)

(3) http://www.dasballett.at/Content.Node/presse/november/Mythos-Stier.de.php, Mythos Stier, Stand: 16.03.2010 (zitiert: MYTHOS STIER)

(4) http://www.akg-wien.at/Projekte/EuropaB/mythos.html, Der Europa Mythos, Stand: 16.03.2010 (zitiert: EUROPA MYTHOS)

(5) http://de.wikipedia.org/wiki/Augustus#Sittenpolitik, Augustus' Sittenpolitik, Stand: 16.03.2010 (zitiert: WIKIPEDIA STICHWORT AUGUSTUS)

(6) http://www.spiegel.de/jahreschronik/0,1518,453481,00.html, Politiker Affären, Stand: 16.03.2010 (zitiert: SPIEGEL ONLINE)